ION G. PELIVAN

III

LE MOUVEMENT ET L'ACCROISSEMENT

DE LA POPULATION

EN BESSARABIE

DE 1812 A 1918

Et quelques Dates concernant la Géographie de la Bessarabie

PARIS
IMPRIMERIE GÉNÉRALE LAHURE
9, RUE DE FLEURUS, 9

1919

ION G. PELIVAN

III

LE MOUVEMENT ET L'ACCROISSEMENT

DE LA POPULATION

EN BESSARABIE

DE 1812 A 1918

Et quelques Dates concernant la Géographie de la Bessarabie

PARIS
IMPRIMERIE GÉNÉRALE LAHURE
9, RUE DE FLEURUS, 9

1919

ION G. PELIVAN

III

LE MOUVEMENT ET L'ACCROISSEMENT

DE LA POPULATION

EN BESSARABIE

DE 1812 A 1918

Et quelques Dates concernant la Géographie de la Bessarabie

PARIS
IMPRIMERIE GÉNÉRALE LAHURE
9, RUE DE FLEURUS, 9

1919

PRÉFACE

Malgré les essais du Gouvernement tzariste de coloniser les éléments étrangers en Bessarabie et d'expatrier l'élément moldave, cette province est restée malgré tout roumaine.

Les tendances des statisticiens officiels russes de cacher la vérité en forçant les chiffres statistiques à l'avantage de l'élément russe et au détriment de l'élément allogène, n'ont pas abouti non plus. Le mécanisme de cette déformation statistique de la vérité résulte assez clairement des témoignages mêmes des statisticiens et des savants russes impartiaux.

Ces derniers prouvent surabondamment que l'élément roumain forme au moins 70 pour 100 du total de la population de la Bessarabie.

L'Auteur.

BIBLIOGRAPHIE

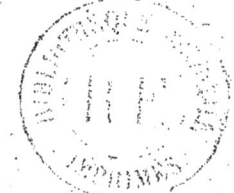

Afanasief-Ciujbinsky (A.): *Un voyage dans la Russie du Sud*, II° partie, « Esquisses sur le Dniester »; Pétersbourg, 1863.

Casso (L. A.), ancien professeur à l'Université de Moscou et ancien ministre de l'Instruction publique : *La Russie au Danube et l'organisation de la province de Bessarabie*; Moscou, 1913.

Crouchevan (P.). L'almanach *La Bessarabie*, 1903.

Arbore (Z.) : *La Bessarabie au XIX° siècle*; Bucuresti, 1904.

Le Comité provincial statistique de la Bessarabie : *Un compte rendu sur la Bessarabie pour l'année 1912*, Kichinev, 1913.

Lachcoff (N. V.) : *La Bessarabie au centenaire de son annexion à la Russie, 1812-1912*, étude historique, statistique et géographique sur la Bessarabie; Kichinev, 1912.

Lachcof (N. V.) : *Le centenaire de la Bessarabie*; Kichinev, 1912.

Moghileansky (N.) : *Matériaux pour la statistique et la géographie de la Bessarabie*; Kichinev, 1913.

Les « ouvrages de la Commission savante archivale de Bessarabie », Kichinev, tome I, 1900; tome II, 1902; tome III, 1907.

Soroca (P. P.) : *La géographie de la province de Bessarabie*, ouvrage approuvé par le Ministère de l'Instruction publique pour les écoles secondaires et inférieures de Russie; Kichinev, 1878.

Scalcovsky (A.) :
  a) *Histoire de la province novorosienne*, p. I; Odessa, 1836.
  b) *Histoire de la province novorosienne*, II ; Odessa, 1838.
  c) *Essai de description statistique de la province novorosienne*, p. I ; Odessa, 1850.

Zasciuk (A.), capitaine d'état-major russe : *Matériaux pour la géographie et la statistique de la Russie, recueillis par les officiers de l'état-major russe. La province de Bessarabie*; Pétersbourg, 1862, I™ et II° parties.

LE MOUVEMENT ET L'ACCROISSEMENT
DE LA POPULATION EN BESSARABIE
DE 1812 A 1918

CHAPITRE I

LA SITUATION GÉOGRAPHIQUE DE LA BESSARABIE

La Bessarabie se trouve située entre 45°,9 et 48°38′ latitude Nord et 23°,4 et 28°,8 longitude Est, d'après le méridien de Paris[1]. Elle forme aujourd'hui la partie orientale de la Roumanie.

LES FRONTIÈRES DE LA BESSARABIE.

1. *Les frontières Nord et Nord-Est* sont formées par le fleuve Dniester depuis le village Onuta du district de Hotin, qui se trouve à la frontière de l'ancienne Russie avec l'Autriche, jusqu'à la Mer Noire, sur une longueur de 850 verstes (1 verste = 500 stinjeni = 1,067 km).

2. *Au Sud-Est* : La Mer Noire depuis l'embouchure du Dniester jusqu'à l'embouchure du bras du Danube : Kilia, sur une étendue de 80 verstes.

3. *Au Sud* : Le Danube depuis l'embouchure du bras Kilia jusqu'à l'embouchure du Pruth sur une longueur de 150 verstes.

1. ZASCIUK. *La province de Bessarabie*, I, p. 19.

4. *A l'Ouest* : la rivière Pruth depuis la petite ville Noua-Sulitza jusqu'au confluent de ce fleuve avec le Danube sur une longueur de 585 verstes.

5. *Au Nord-Ouest*, plus haut que Noua-Sulitza : par la petite rivière Rackitna (24 verstes), la délimitation artificielle par des forêts (15 verstes) et les petites rivières de Grina et Onuta qui se rendent au Dniester (16 verstes) sur une longueur totale de 55 verstes. On voit que toutes les frontières de la Bessarabie sont naturelles et ont une étendue totale de 1720 verstes [1].

La surface de la Bessarabie.

D'après les données du Comité statistique central de Bessarabie, ce pays a une surface totale, y compris les bassins des lacs, des fleuves et des marais qui sont assez importants (1 082,2 verstes carrées), de 40 096,6 verstes carrées ou 4 176 712,2 désetines (1 désetine = 2400 stanjeni carrés = 1,092 hectares [2].

La largeur entre les points les plus rapprochés, entre le Pruth et le Dniester, est (au Nord) de 20 verstes et des points les plus éloignés (au Sud) de 180 verstes [3].

Le territoire de la Bessarabie constitue 0,21 pour 100 de toute la surface de l'ancien empire russe (19 099 886,9 verstes carrées) [4].

Par districts, la surface de la Bessarabie se divise comme il suit [5] :

---

1. Le Comité statistique bessarabien : *Compte rendu sur la Bessarabie pour l'année 1912*, p. 1.
2. Moghileansky. *Matériaux de statistique et de géographie de la Bessarabie*, p. 9.
3. Comité statistique de Bessarabie, p. 2.
4. *Idem*, p. 2.
5. *Idem*, page 1.

N°	Districts	Etendue en verstes carrées	Etendue en désetines	% de la surface totale
1	Ismail et Cahul	8128,0	846 666,6	20,3 %
2	Cetatea Alba (Akerman).	7282,7	758 614,6	18,2 %
3	Tighina (Bender).	5398,4	562 316,6	13,4 %
4	Baltzi.	4871,0	507 595,8	12,1 %
5	Soroca.	4010,7	417 781,2	10,0 %
6	Orhei.	3632,0	378 333,3	9,1 %
7	Hotin.	3501,9	364 781,2	8,7 %
8	Kichinev.	3271,9	340 822,9	8,2 %
	Total. . . .	40 096,6	4 176 712,2	100

Les distances des villes départementales à la capitale de la Bessarabie (Kichinev) sont les suivantes:

1. Cetatea Alba . . . . 167 verstes
2. Ismail . . . . 302 —
3. Cahul . . . . 306 —
4. Hotin . . . . 269 —
5. Soroca . . . . 175 —
6. Baltzi . . . . 124 —
7. Orhei . . . . 40 verstes
8. Tighina . . . . . . 58 —
9. Kilia . . . . 363 —
10. Bolgrad . . . . . . 263 —
11. Reni . . . . 318 —[1]

1. *Com. stat. de Bessarabie*, pp. 9-24.

CHAPITRE II

LE MOUVEMENT ET L'ACCROISSEMENT DE LA POPULATION EN BESSARABIE DE 1812-1918

Pour 1812, nous avons deux données :
a) Celles de l'historien et statisticien russe A. Scalcovsky;
b) Du statisticien capitaine d'État major russe A. Zasciuk.

D'après le premier, en 1812, se trouvaient en Bessarabie 55 360 familles dont 166 000 hommes, ce qui donne approximativement le chiffre de 340 000 habitants des deux sexes [1].

D'après le second, il n'y a que 41 160 familles, c'est-à-dire plus de 240 000 habitants [2].

Pour 1813, ces deux statisticiens indiquent le chiffre de 340 000 habitants [3].

Ces chiffres, d'après l'opinion de Zasciuk, ne sont pas tout à fait exacts car on n'avait pas fait jusqu'alors de recensement en Bessarabie, et les données statistiques avaient été prises des rapports des préfets de Bessarabie [4].

* *

Le premier recensement se fait en Bessarabie en 1816-1817 [5].

D'après ce recensement, la Bessarabie avait en 1817

---

1. *Histoire de la province novorosienne*, II, p. 103. Odessa, 1858.
2. *La province de Bessarabie*, p. 147.
3. *Idem*, p. 147.
4. *Idem*, p. 147.
5. *Ouvrages de la Commission archivale bessarabienne*, tome III, p. 230.

une population de 96 526 familles ou 491 679 habitants des deux sexes [1].

Pour l'année 1818, les données officielles des statistiques montrent 389 000 habitants [2].

Zasciuk explique la diminution de la population en 1818 par l'émigration des paysans de l'autre côté du Pruth à cause de la mauvaise organisation et l'oppression qu'ils devaient subir sous l'Administration bessarabienne [3].

Certainement que le Gouvernement russe, en faisant la tentative d'introduire en Bessarabie le servage, a contribué en grande partie à l'émigration [4].

De 1819 à 1825, l'épidémie de la peste a sévi en Bessarabie. De cette façon, on peut expliquer pourquoi la population bessarabienne, qui, en 1823, comptait 550 000 habitants, ne comptait que 409 110 en 1828 [5].

L'administration locale dans ses rapports donne les chiffres suivants :

Pour l'année 1829 . . . . 412 429 habitants.
— 1830 . . . . 469 783 —

Le chiffre relativement restreint pour l'année 1829 est dû, selon Zasciuk, à l'épidémie de la peste apportée de Turquie en Bessarabie par les armées russes qui se battaient contre les Turcs, et le chiffre relativement supérieur pour l'année 1830 s'explique d'une part par l'émigration de 1042 familles de Lipoveni et de 3000 familles bulgares [6] ; et, d'autre part, par le retour des familles roumaines de Moldavie dans leurs foyers qu'elles avaient quittés pour échapper à l'esclavage moscovite en 1812-1818 [7].

1. *Ouvrages de la Commission archivale bessarabienne*, t. III, pp. 229-230.
2. ZASCIUK, p. 148.
3. *Idem*, p. 148.
4. BATIUSCOFF, I, p. 148. *Ouvrages de la Commission archivale*, t. II, pp. 226-230. ARBORE. *La Bessarabie au XIXᵉ siècle*, p. 93.
5. ZASCIUK, p. 148.
6. *Ibidem*, p. 149.
7. ARBORE, p. 97.

On sait d'ailleurs qu'après les épidémies et les guerres les vides de la population se comblent bien vite[1].

Après 7 ans, c'est-à-dire en 1837, l'accroissement de la population bessarabienne donne 533 460 habitants des deux sexes[2].

Depuis 1837 jusqu'à 1843 manque toute donnée statistique. D'après le recensement de 1843 on constate que cette année la population de la Bessarabie se compose de 719 120 habitants des deux sexes[3].

Cet accroissement est dû en partie à l'accroissement naturel, et d'autre part à l'afflux des différents colons[4].

Pour l'année 1844, nous avons deux statistiques :

1° Une qui indique 793 103 habitants, d'après Scalcovsky;

2° Une autre de 774 492 habitants, d'après le statisticien militaire Daragan[5].

Enfin, d'après Zasciuk, l'accroissement ultérieur de la population bessarabienne s'exprime par le tableau suivant[6] :

Années	Habitants	Années	Habitants
1845	785 175	1851	902 534
1846	811 754	1852	935 809
1847	831 173	1854	966 954
1848	853 484	1855	993 954
1849	860 229	1856	990 274
1850	872 868		

Zasciuk donne ces chiffres « sur la base des tableaux statistiques publiés par le Ministère de l'Intérieur ». Si nous comparons ces chiffres entre eux, nous pouvons

1. ZASCIUK, p. 149.
2. Idem, p. 149.
3. Idem, p. 150.
4. Idem, p. 150; ARBORE, p. 98.
5. ZASCIUK, p. 150.
6. Idem, pp. 150-151.

remarquer que, durant la période 1845 à 1856, l'accroissement de la population bessarabienne devint plus stable, plus normale.

Si nous comparons les chiffres de 1812 (340 000) avec ceux de 1856, nous voyons que, dans l'intervalle de 44 ans, la population bessarabienne a presque triplé.

D'après le témoignage de Zasciuk, les moldaves formaient les 3/4 de la population bessarabienne [1].

Si nous faisons le compte de la population moldave sur la base du pourcentage indiquée par Zasciuk, nous devons alors admettre qu'en 1856 les Moldaves étaient en Bessarabie au nombre de 742 704 (c'est-à-dire 3/4.990 274).

En 1856, à la suite du Traité de Paris, la Moldavie eut trois districts : Ismail, Cahul et Bolgrad.

Dans la partie de la Bessarabie laissée aux Russes sont restés 862 362 habitants des deux sexes [2].

La grande majorité (plus de 4/5) de la population bessarabienne vit dans les villages.

Ainsi, sur 100 habitants, 85 sont des villageois et 15 seulement des habitants de la ville.

Par district, la proportion des habitants des villages et de ceux des villes se présente pour l'année 1856 de la façon suivante :

Districts	Habitants des villes	Habitants des villages	Districts	Habitants des villes	Habitants des villages
Kichinev	46 %	54 %	Hotin	10 %	90 %
Jassy (Baltzi) . .	5 %	95 %	Bender	10 %	90 %
Orhei	4 %	96 %	Akerman . . .	27 %	73 %
Soroca	5 %	95 %			(3)

Ce qui fait un total de 800 000 habitants pour les villages, et 183 790 habitants pour les villes.

1. ZASCIUK pp. 151, 450.
2. Idem, p. 186.
3. Idem, p. 188.

CHAPITRE III. — Tableau statistique de la population de Bessarabie en 1858[1]

VILLES ET DISTRICTS	CHIFFRE TOTAL de la population.		CHIFFRES des naissances.		CHIFFRES des morts.		EXCÉDENT des décès.		CHIFFRES des mariages.
	Hommes.	Femmes.	Hommes.	Femmes.	Hommes.	Femmes.	Hommes.	Femmes.	
Ville Kichinev	44 920	57 763	961	754	839	682	122	72	651
District —	42 406	45 851	2 477	2 344	1 266	1 143	1 211	1 201	1 110
Ville Bender	9 059	6 149	306	286	146	132	160	154	91
District —	11 340	10 597	1 129	1 127	525	486	604	641	604
Ville Akerman	10 775	9 161	244	236	128	117	116	119	131
District —	10 996	9 990	430	499	207	224	223	278	195
Ville Hotin	6 272	6 849	214	142	108	97	106	45	120
District —	68 588	68 919	3 417	3 168	1 606	1 632	1 811	1 556	1 781
Ville Baltzi	5 986	4 091	165	159	112	108	51	51	111
District —	48 563	47 367	2 115	2 035	933	869	1 182	1 164	1 055
Ville Soroca	2 529	2 601	122	104	58	79	64	25	55
District —	59 170	55 392	2 352	2 296	1 261	1 205	1 071	1 091	1 158
Ville Orhei	2 084	2 221	119	102	46	58	73	64	74
District —	55 890	52 987	2 435	2 420	1 361	1 269	1 074	1 151	1 167
District Cahul	3 075	2 730	194	185	98	76	96	109	67
Communes de l'Etat	35 359	30 525	1 517	1 440	738	738	779	702	824
Domaine des Colonies	36 930	35 051	1 546	1 492	565	575	981	917	667
Villages cosaques	6 592	5 433	374	441	103	128	271	313	105
TOTAL	456 392	433 437	20 095	19 228	10 100	9 595	9 995	9 633	10 004
	889 829		39 323		19 695		19 628		

1. ZASCIUK, p. 204.

D'après ce tableau, on peut voir qu'en 1858 le chiffre des naissances était de 4 pour 100 de la population totale et le chiffre des morts seulement de 2 pour 100. C'est-à-dire que l'excédent des naissances sur les décès est presque deux fois plus grand[1].

En général il y a :

        1 nouveau-né par   24 habitants.
        1 mort par   50   —
        1 mariage par   100   —

La même proportion entre les naissances et les décès s'est maintenue pour les années 1859, 1860 et 1861[2].

---

1. Zasciuk, p. 198.
2. *Idem*, p. 198.

CHAPITRE IV. — Tableau de la population de Bessarabie en 1861[1]

DISTRICTS.	DANS LES VILLES			DANS LES DISTRICTS sans villes.			DANS LES DISTRICTS et les villes.		
	Hommes.	Femmes.	Des deux sexes.	Hommes.	Femmes.	Des deux sexes.	Hommes.	Femmes.	Des deux sexes.
Kichinev	45 612	41 249	86 861	52 941	48 695	101 636	98 553	89 944	188 497
Orhei	2 349	2 309	4 658	61 177	57 003	118 180	63 526	59 312	122 838
Jassy (Baltzi)	2 955	2 945	5 900	56 260	51 575	107 835	59 215	54 518	113 735
Soroca	2 620	2 681	5 301	53 789	52 030	105 819	56 409	54 711	111 120
Hotin	8 496	9 200	17 696	74 683	78 200	152 883	83 179	87 400	170 579
Bender	13 894	7 866	21 760	55 622	48 690	104 352	69 956	56 556	126 512
Akerman et les "posads"	21 683	19 833	41 516	59 790	53 956	113 726	81 473	73 769	155 242
TOTAL	97 609	86 088	183 797	414 702	390 052	804 734	512 311	476 120	988 431

1. ZASCIUK, p. 203.

— 17 —

D'après ce tableau, la population totale de la Bessarabie était, en 1861, de 988 431 habitants des deux sexes.

Pour la période de 1861 à 1881, nous ne possédons pas de dates statistiques.

Pour l'année 1881, les statistiqnes officielles russes attestent pour la Bessarabie 1 466 497 habitants des deux sexes dont 1 100 409 orthodoxes et le reste de 366 042 d'autres confessions [1].

Il faut noter qu'à partir de 1861 jusqu'en 1897, les bureaux statistiques russes, comme règle générale, n'indiquent pas les rapports qui donnent les chiffres des différentes nationalités, mais ils divisent les habitants entre « pravoslavnik » et « non pravoslanik » (orthodoxes et non orthodoxes) [2].

En 1881, toute la population de la Bessarabie se divisait par districts de la façon suivante [3].

District de Kichinev	239 400	habitants.
— Orhei	172 830	—
— Baltzi	163 788	—
— Soroca	161 120	—
— Hotin	220 573	—
— Bender	166 100	—
— Akerman	215 240	—
— Ismail	127 451	—

Dix ans plus tard, c'est-à-dire en 1891, d'après les dates statistiques officielles russes, nous trouvons en Bessarabie une population de 1 641 559 habitants des deux sexes, dont 1 220 439 orthodoxes et 421 120 d'autres confessions [4].

Cette population répartie par districts se présente de la façon suivante :

1. Arbore, p. 145.
2. Idem, pp. 139, 146.
3. Idem, p. 145.
4. Idem, p. 146.

District de Kichinev . . . . . 261 462 habitants.
— Orhei . . . . . . 193 731 —
— Baltzi . . . . . . 184 782 —
— Soroca . . . . . 182 220 —
— Hotin . . . . . . 242 573 —
— Bender . . . . . 187 200 —
— Akerman . . . . 236 140 —
— Ismail . . . . . . 153 451 —
Total . . . . 1 641 559 — [1]

1. ARBORE, p. 145.

CHAPITRE V

LA POPULATION DE BESSARABIE SELON LE PREMIER RECENSEMENT GÉNÉRAL EN RUSSIE

Le premier recensement général en Russie s'est fait en 1897. D'après ce recensement, il y avait alors en Bessarabie 1 935 412 habitants des deux sexes[1].

En 1909, selon les données officielles russes, la population de la Bessarabie était arrivée à 2 393 100 âmes[2].

D'après les districts, cette population était divisée en 1897 et 1909 de la façon suivante (les chiffres sont donnés en milliers) :

---

1. LASCOF. *La Bessarabie au centenaire de son annexion à la Russie*, p. 71.
2. *Idem*, p. 71.

Tableau de la population de Bessarabie en 1897 et 1909 [1]

DISTRICTS		LA POPULATION des Districts.			LA POPULATION des Villes.			TOTAL de la population.			Habitants par verste carrée.	Densité de la population par verste carrée
		Hommes.	Femmes.	2 sexes.	Hommes.	Femmes.	2 sexes.	Hommes.	Femmes.	2 sexes.		
Kichinew.	1897	88,0	83,3	171,12	56,7	51,7	108,4	114,6	135,0	279,6	85,47	64,8
	1909	108,4	103,5	211,9	60,1	56,2	116,3	168,5	159,7	328,2	100,3	43,6
Akerman.	1897	119,7	117,3	236,8	14,2	15,9	28,2	133,9	131,3	265,2	36,42	
	1909	155,7	151,0	306,7	17,4	17,2	34,6	173,1	168,2	341,3	45,5	38,1
Bender.	1897	84,0	79,2	163,1	17,1	14,6	31,7	101,0	93,9	194,9	36,11	
	1909	104,5	101,0	205,5	19,6	17,5	37,1	124,1	118,5	242,6	43,0	49,1
Baltzi.	1897	99,3	94,6	193,0	9,5	8,9	18,8	108,8	102,6	211,4	45,3	
	1909	122,7	106,7	259,4	10,4	9,4	19,6	133,1	126,1	259,2	55,2	30,9
Ismail.	1897	95,6	88,4	184,0	30,1	29,8	61,2	125,9	118,2	244,2	50,0	
	1909	116,5	109,1	225,6	43,5	43,5	87,0	160,0	152,6	312,6	42,8	68,0
Orhei.	1897	102,6	98,5	201,2	6,0	6,2	12,5	108,6	104,7	213,4	58,7	
	1909	125,6	121,4	247,0	8,6	7,9	16,5	134,2	129,3	263,5	72,5	62,9
Soroca.	1897	103,9	99,5	203,6	7,8	7,4	15,3	111,8	106,9	218,8	54,57	
	1909	128,7	123,5	252,2	9,5	8,9	18,2	138,0	132,4	270,4	67,4	100,1
Hotin.	1897	146,9	142,1	289,1	9,2	9,1	18,3	156,2	15,12	307,5	87,82	
	1909	180,9	173,6	354,5	10,8	10,0	20,8	191,7	185,6	375,3	107,2	52,4
TOTAL.	1897	840,007	802,073	1642,080	151,239	142,100	293,332	991,2	944,1	1935,4	48,2	
—	1909	1043,0	999,8	2042,8	179,7	170,6	350,3	1222,7	1170,4	2393,1	61,3	

1. N. MOGHILEANSKY. *Matériaux pour la géographie et la statistique de la Bessarabie*, p. 77.

D'après ce tableau, on peut voir que la population de la Bessarabie a augmenté de 457 700 âmes en douze ans, c'est-à-dire de 23,6 pour 100.

Selon les professions, cette population se présente de la façon suivante : sur 1000 habitants, il y a :

1° 15 différents fonctionnaires de l'État et de l'Administration, de même que ceux qui ont des professions libérales.

2° 10 appartenant à l'armée.

3° 5 appartenant à l'Église et au Clergé.

4° 44 domestiques et travailleurs.

5° 757 petits propriétaires ruraux, gardes forestiers, pêcheurs et chasseurs.

6° 70 industriels, différents entrepreneurs et artisans.

7° 63 employés de commerce.

8° 36 ayant d'autres occupations[1].

Toujours, d'après ce tableau, on peut voir que la plus grande densité se trouve dans le district de Hotin où il y a 100,1 habitants par verste carrée, et la plus petite densité se trouve dans le district d'Ismail qui a 30,9 habitants par verste carrée.

D'après le recensement de 1897, le *degré de l'instruction était très arriéré, seulement 156 habitants sur 1000 savaient lire et écrire*[2].

La raison de ce triste état de choses est due sans aucun doute à la politique de russification en général, et en particulier à la méthode de l'enseignement dans une langue étrangère (russe).

Le statisticien russe Moghileansby[3] ainsi que l'écrivain Afanasief Ciujbinsky[4] et d'autres encore l'attestent.

Dans l'édition du Comité statistique bessarabien sous

---

1. N. Moghileansky. *Matériaux pour la géographie et la statistique de la Bessarabie*, p. 78.
2. Moghileansky, p. 78.
3. *Idem*, p. 78.
4. *Esquisses sur le Dniester*, p. 283.

le titre : « Compte rendu sur la Province de Bessarabie pour l'année 1912 », page 67, nous trouvons, pour le 1er janvier 1912, 2 496 054 habitants bessarabiens, dont 1 273 251 hommes et 1 225 803 femmes.

Dans le même ouvrage, nous trouvons, pour le 1er janvier 1913, le chiffre de 2 591 277 dont 1 285 664 hommes et 1 235 613 femmes.

Les naissances pour 1912 sont ici de 102 654, les décès de 77 431 ; l'excédent des naissances pour cette année est donc de 25 223 âmes.

CHAPITRE VI

LE TOTAL DE LA POPULATION ACTUELLE

Ce qui précède constitue les dates statistiques officielles. Voici ce que l'on en déduit. Si, ainsi que nous avons pu le voir plus haut, la population bessarabienne s'est accrue, de 1897 à 1909, de 457 700 habitants, c'est-à-dire de 23,6 pour 100, par conséquent d'une moyenne de 38 141 âmes par an, nous pouvons supposer avec quelque approximation que pour les années 1909 à 1919 l'accroissement de la population n'a pas été inférieur à ce chiffre; tout au contraire.

Si nous admettons cette moyenne de 38 141 aussi pour les années 1909 à 1919, nous constaterons que depuis 1913 jusqu'à 1919 la population bessarabienne a dû s'accroître de $38\,141 \times 6 = 228\,846$.

Ainsi pour le 1er janvier 1919, la population de Bessarabie *devait atteindre le chiffre rond de* 2 750 123 (2 521 277 + 228 846) âmes.

Ce chiffre est peut-être même inférieur à la réalité, car :

1º Le Comité statistique provincial de Bessarabie[1] considère le chiffre de la population bessarabienne de 1913, c'est-à-dire le chiffre 2 521 277, inférieur à la réalité, parce que « depuis 1897 ce Comité ne tient plus compte de l'excédent artificiel constitué par l'afflux de la population vers les villes, afflux qui forme partout un élément important.

2º Avec la guerre 1914-1918 sont arrivés en Bessarabie,

---

[1]. *Compte rendu de la province de Bessarabie pour* 1912, p. 104.

qui constituaient l'arrière du front roumain un grand nombre d'émigrants (commerçants et fonctionnaires) qui fut encore augmenté par le nombre considérable de réfugiés de la Russie bolcheviste.

Cette immigration, avec l'excédent artificiel de la population urbaine qui, depuis 1897, n'est plus pris en considération, peut atteindre le chiffre minime de 50 000 âmes.

Par conséquent, pour janvier 1919, le chiffre de la population totale de la Bessarabie aurait pu atteindre 2 800 123 (2 750 123 + 50 000) âmes.

A présent, en admettant que la guerre et les différentes épidémies aient enlevé 100 000 habitants bessarabiens, il resterait pourtant une population d'au moins 2 700 000 âmes.

CHAPITRE VII

LA PROPORTION DE L'ÉLÉMENT ROUMAIN

En ce qui concerne la répartition de cette population par nationalités, nous ne possédons pas de données précises.

Nous pouvons affirmer, en tout cas, que la statistique officielle russe, d'après laquelle il n'y aurait en Bessarabie que 47,9 pour 100 roumains [1], ne saurait en aucune manière correspondre à la vérité.

Depuis 1861 jusqu'en 1897, la population est comptée en Russie, non pas d'après les nationalités, mais d'après les religions [2]. Le mot orthodoxe devient en Russie le synonyme de « russe ». Vous êtes orthodoxe, vous êtes par conséquent russe.

Personne ne peut contester ensuite la tendance du Gouvernement russe d'augmenter le nombre des « vélico russes » (les grands russes) aux dépens des autres nationalités.

Dans l'ancien empire russe vivaient plus de 120 nationalités » [3], mais dans les statistiques officielles russes on ne mentionne que celles qui sont les plus nombreuses. On ne peut avoir de renseignements sur celles moins nombreuses que dans des publications privées.

Dans le recensement de 1897, tous les Roumains de Bessarabie, qui savaient lire ou écrire le russe, ou qui

1. Lascof, p. 71.
2. Arbore, pp. 139, 146.
3. *Idem*, p. 258.

savaient dire quelques mots en russe, ont été inscrits dans la rubrique de la nationalité russe.

De quelle façon les statisticiens russes faisaient-ils leur devoir vis-à-vis des Roumains de la Bessarabie ? Le savant russe L. Casso le démontre très bien. Dans son ouvrage plein d'érudition, *la Russie au Danube*, il dit :

« Aujourd'hui encore (1913) *les renseignements* qu'on reçoit sur cette province éloignée et limitrophe (la Bessarabie) par les départements du Centre *ne sont pas toujours exacts. Par exemple*, « *l'Annuaire de Russie* » *qui est édité par le Comité central et statistique du Ministère de l'Intérieur pour l'année* 1910, *en énumérant les nationalités qui habitent la Bessarabie, ne fait pas mention de la nationalité moldave, quoiqu'elle constitue plus de la moitié de la population totale de la Bessarabie* [1] ».

Cependant, malgré l'insistance des statisticiens officiels russes, la vérité se rapportant à la proportion de l'élément roumain en Bessarabie n'a pu être cachée.

Ainsi qu'on peut le constater de la citation indiquée plus haut du savant professeur Casso, les Moldaves *forment plus de la moitié de la population totale de la Province de Bessarabie*.

D'autres écrivains russes sont plus précis encore. A. Zasciuk (géographe et statisticien), dans son ouvrage volumineux, la *Province de Bessarabie*, publié en 1862, *affirme que les Moldaves forment les 3/4 de la population de Bessarabie*[2].

Le géographe russe P. Soroca[3] confirme la même chose pour l'année 1878, ainsi que le publiciste russe P. Crusevan[4].

L'historien russe Lascof[5] donne pour 1912 un pourcen-

---

1. Casso, p. 228; Moscou, 1913.
2. Zasciuk, p. 151, 450.
3. *Géographie de la province de Bessarabie*, approuvée par le Comité central du Ministère de l'Instruction publique pour les écoles secondaires et inférieures, 1878, p. 80.
4. l'almanach *Bessarabia*, 1903, p. 175.
5. *La Bessarabie au centenaire de son annexion à la Russie*, p. 53.

tage de l'élément moldave en Bessarabie de 70 pour 100.

Si, à présent, nous considérons le pourcentage de 70 pour 100 comme le plus rapproché de la vérité, et qui est celui donné par Lascof pour l'année 1912, la date la plus récente, la population roumaine de Bessarabie peut être fixée pour janvier 1919 d'une façon catégorique au chiffre de (2 700 000 : 70 pour 100 = 1 890 000) *un million huit cent quatre-vingt dix mille habitants*.

TABLE DES MATIÈRES

Chapitre I. — La situation géographique et la surface de la Bessarabie. 7
Chapitre II. — Mouvement et accroissement de la population. 10
Chapitre III. — Tableau de l'état de la population en 1858. . 14
Chapitre IV. — Tableau de l'état de la population en 1861. . 16
Chapitre V. — La population de Bessarabie d'après les données du premier recensement général en Russie (1897). . . 19
Chapitre VI. — Le total de la population actuelle. 23
Chapitre VII. — Le pourcentage de l'élément roumain. . . . 25

www.ingramcontent.com/pod-product-compliance
Lightning Source LLC
Chambersburg PA
CBHW060913050426
42453CB00010B/1704